BIBLIOTHÈQUE INTERNATIONALE DE PSYCHOSYNTÉRÈSE

ASSIS PENDANT DES ANNÉES SUR UN CANAPÉ SANS SOINS

La raison: les Droits de l'Homme — en cause le Cannabis. Faut-il légaliser la consommation?

Dr phil. Elisabeth Klein

Photo couverture: marog-pixcells: «Überschwemmtes Wohnzimmer... »

Printed by CreateSpace, an Amazon.com Company.
Amazon® et CreateSpace® sont des marques déposées d'Amazon.com, Inc. ou de ses filiales aux États-Unis et dans d'autres pays.
Lexotanil® est une marque déposée de Roche Pharma (Schweiz) AG.

Édition bischoff.ovh
thomas@bischoff.ovh
Bischoff
Verlag CH-1807 Blonay

L'auteur:
Dr phil. Elisabeth KLEIN,
EDLE VON WENIN-PABURG,
Ph.D., B.Ed., F.I.S.N.V.P., D.E.S.P.

Elisabeth Klein, est une brillante psychothérapeute qui, en partant des recherches de Sigmund Freud et Carl Gustav Jung, ainsi que des progrès faits dans les domaines de la neurologie et de la recherche sur le sommeil, a développé — ensemble avec son mari Robert Klein von Wenin-Paburg — un nouveau système psychologique et une méthode de traitement de désordres psychiques: la psychosyntérèse. Ce système est caractérisé par une conception dynamique de tous les aspects de la vie mentale, consciente et inconsciente, mettant l'accent en particulier sur la puissance thérapeutique du centre énergétique de la psyché, le Soi ou la Syntérèse, ainsi que par une technique élaborée d'investigation et de traitement, basée sur l'activation de la Syntérèse principalement par l'interprétation des rêves.

Contenu:
Elisabeth Klein raconte le cas d'une schizophrénie induite par l'utilisation de la drogue. Victor était un jeune homme qui, au début de sa vie, avait tous les atouts nécessaires pour réussir. Je sais de quoi je parle. Je me souviens encore de Victor quand il avait vingt ans. C'était une personne dynamique, pleine d'intelligence et avec une conscience de sa propre valeur qui faisait presque peur à son entourage. Le virage tragique qu'il prit par la suite nous montre les dangers que guettent nos jeunes. Une histoire d'amour malheureuse avec une jeune femme malhonnête qui l'incitait à prendre de la drogue, lui suffisait pour basculer dans la schizophrénie. L'expérience de Victor est une sérieuse mise en garde pour tous ceux qui pensent que la drogue, finalement, ce n'est pas tellement grave et qu'il faudrait que nous légalisions sa consommation. Or, un être humain qui prend de la drogue, même appelé douce, ressemble à une personne qui traverse une autoroute à pied, les yeux bandés et les oreilles bouchées et sans savoir combien de voitures y passent à haute vitesse. Dans une telle situation — totalement hors contrôle —, il y aura un choc brutal ou non. Il s'agit d'un comportement irresponsable qui peut détruire une vie pleine d'espoir.

Ceci est une histoire vraie. Puisse-t-elle éclairer les parents confiants, qui veulent le bonheur de leurs enfants!

Les prénoms des personnes concernées ont été changés pour raison de discrétion.

Victor est né dans une famille d'intellectuels comprenant déjà un frère aîné de 14 mois. Ce fut le plus gros enfant de l'année à Winterthour, 4,6 kg. C'était un très beau bébé, «ein grosser Sohn», comme l'annoncèrent les infirmières et le médecin à la maman. Victor était un enfant désiré, tout comme son frère.

Quand il vint au monde, il vécut dans sa petite chambre, en compagnie de son grand frère Adrien; Il ne fut pas seul, il ne fut jamais abandonné à lui-même. À part une petite question d'intestin délicat des premières semaines de la vie où on dut lui donner du lait écrémé et le faire soigner quelque peu, Victor avait une bonne santé. Sa maman, du reste, veillait à le soigner à l'homéopathie pour les bricoles. Il ne pleurait pour ainsi dire pas, il était toujours souriant, il mangeait et dormait. Sa maman en profitait pour descendre chaque après-midi dans le jardin et pour passer le temps jusqu'au retour du papa sans travailler, sans rien faire. Elle regardait son bébé et s'occupait d'Adrien qui courait partout et s'amusait bien. Victor eut quelques petits problèmes de santé quand le pédiatre voulut le vacciner vers 8-9 mois. Il eut de fortes fièvres, mais ce ne fut, au fond, pas tellement important. Pourtant, les parents s'opposèrent à la continuation des vaccins, car ils avaient l'impression qu'on lui en faisait l'un après l'autre chaque mois, ce qui leur

semblait dangereux et ridicule. On peut dire que Victor est comme sa mère, une personne sensible du système nerveux.

Il fut élevé comme son frère, dans l'amour. Sa maman désirait l'obéissance, pas tout à fait comme certains parents d'aujourd'hui qui laissent tout faire.

Victor était assez désobéissant. Il reçut quelques claques de sa mère parfois quand il exagérait, car une claque donnée par la mère, par amour, pas par haine, ne fait jamais de mal à un enfant qui ne veut rien entendre par la parole. C'est une méthode éducative comme une autre. Les bêtes ne se gênent pas d'en administrer à leurs petits, il suffit d'aller les observer dans les zoos.

Victor souffrit de la jalousie de son frère Adrien, mais c'est ainsi la vie: les bouddhistes disent qu'on a le frère qu'on mérite. Pendant toute l'enfance de Victor, ce fut à peu près le seul problème que les parents eurent avec leurs enfants. Dans cette famille unie, les uns vivaient pour les autres. Le problème de la jalousie s'enfla tout de même; Adrien était malheureux d'avoir un frère, il battait tout le monde à l'école; on dut le mettre dans une école privée, mais là-bas aussi, c'était la même chose; il dut aller 6 mois en pension à la montagne, bien au regret des parents qui en avaient le cœur fendu, mais c'était la seule solution, la consultation psychologique régulière n'ayant donné aucun résultat chez le garçon. Un changement de domicile de la famille à la montagne amena une amélioration, ainsi que la puberté d'Adrien, suivi de Victor qui, lui, n'avait aucune difficulté à l'école avec ses camarades ou avec ses professeurs. Les deux garçons fréquentèrent alors un collège de montagne

où l'éducation à l'école est encore sévère, et Adrien dut s'intégrer. Il reçut quelques coups de pieds et gifles des professeurs, même si les parents n'apprécièrent pas du tout. Pourtant ce fut une influence favorable, et petit à petit Adrien se corrigea de lui-même.

Victor était un peu moins brillant à l'école que son frère, il aimait davantage s'amuser et rêver, mais c'est tout. Sa maman ne le surprotégea pas du tout, il était tout de même assez volontaire et assez fort pour se défendre dans les conflits avec son frère. Ses parents l'aimaient tel quel, ils aimaient leurs enfants autant l'un que l'autre, tout à fait franchement, chacun d'eux étant intéressant et particulier à sa façon. La maman parla pendant toutes ces années d'enfance d'amour à ses garçons, en disant qu'il faut «aimer son frère». Petit, Adrien disait: «moi je ne t'aime pas» à son frère, tandis que Victor disait, lui, spontanément:" moi, j'aime Poussinet.» Poussinet, c'était le petit nom d'Adrien. Victor eut aussi son petit nom: Nana; ça lui allait très bien. Poussinet et Nana étaient deux charmants garçons qu'il était assez difficile pour la maman de tenir en main quand on est soi-même une fille unique ne s'étant jamais battue avec des frères et sœurs pour les faveurs des parents ou pour les jouets. *C'est pourtant normal de se battre comme deux cerfs ou deux étalons pour la faveur de la maman.*

Maman disait toujours: «Maman vous aime tous les deux; la moitié de moi, c'est pour toi, Poussinet, l'autre moitié de moi, c'est pour toi, Nana.»Ils étaient assis chacun à côté de leur mère, l'un à gauche, l'autre à droite, dans leur chambre d'enfants.

Quant au père, il était professeur, il rentrait le soir et s'occupait de ses enfants. Il leur rapportait très souvent des sucreries ou des petits jouets. Les enfants jouaient avec le père, ils allaient se promener avec lui, et il leur racontait des histoires qu'il inventait de toutes pièces: par exemple la Girafe mécanique ou Fritzli et la ficelle. Lui-même s'en trouvait fatigué quand les deux gosses, tout en marchant avec le père dans la nuit, se donnaient des coups de pieds par derrière le père, ces querelles éternelles!

À 10 ans, Victor rata l'entrée au collège et il dut aller un an dans une école privée, car sa maîtresse lui disait qu'il «préférait trifouiller le fourneau et rajouter du bois» plutôt qu'étudier. En un an, il rattrapa tout et rejoignit le collège en deuxième année.

Adrien entra au collège un an avant son frère et, un jour, une femme professeur qui savait qu'Adrien avait ce problème de la jalousie lui dit: «Demain, Adrien, vous allez faire un travail sur Œdipe», après avoir expliqué la légende aux élèves. Adrien rentra à la maison et demanda à sa mère ce que c'était Œdipe! Sa mère lui répondit que *c'était un garçon qui aimait trop sa mère*, après avoir expliqué la légende grecque. Ceci est la formule psychologique. Adrien fit le travail, il eut une bonne note et dès ce jour, aussi bizarre que cela puisse sembler, cela alla mieux entre les garçons et leur mère. Quand Adrien recommençait, Victor criait: «Maman, Œdipe recommence!» Ils racontèrent à leur mère un jour que si elle n'était pas là, ils n'auraient pas ce problème. C'est Victor qui l'affirma. La maman répondit: «Soyez contents que je sois là, sinon, vous auriez d'autres problèmes bien

plus durs à résoudre.» Tout se terminait dans l'auto en riant quand ils allaient tous les trois se défouler à Genève le mercredi après-midi, au ciné et ailleurs.

Les années du collège passèrent sans encombre. Victor et Adrien furent pris en main par des professeurs sévères qu'on rencontre moins actuellement ou plutôt seulement encore à la montagne. *C'était très bien pour des garçons de leur nature.* C'est soit le rôle du père d'être sévère avec ses garçons, soit c'est aux professeurs. Ainsi, on arrive quand même à faire quelque chose de positif d'eux. *La mère en est reconnaissante, même si parfois elle a quand même râlé contre les professeurs en question.*

Adrien termina ses classes de collège avec un prix du Crédit Foncier, suivi par Victor.

Victor a été élevé par ses parents dans l'amour et le respect des autres êtres humains et des animaux. Il est issu d'une famille respectable qui a toujours tout fait pour respecter ses obligations, qui a travaillé dans la société, qui a élevé ses enfants et *qui les a surtout aimés de tout son cœur.* Les parents ont fait ce qu'il fallait pour que les enfants aient une bonne vie, en montrant déjà qu'ils s'entendaient entre eux, qu'ils sont restés ensemble. Ils n'ont jamais manqué de nourriture, de soins maternels, ils n'ont pas eu un père qui a abandonné sa famille ou une mère qui aurait préféré aller travailler à l'extérieur pour fuir les tâches du ménage soi-disant «ennuyeuses». La maman est restée comme le bon modèle suisse, à la maison, et pendant la petite enfance de ses deux garçons, elle a même renoncé à toute activité indépendante. *Elle a été là pour eux, comme il se doit.* Adrien

et Victor n'ont pas été élevés par un chien comme des enfants sauvages, pour reprendre un article paru en Allemagne et dans notre presse, selon lequel un enfant vivait seul avec le chien, puisque les parents le laissaient seul, nu, couché sur une couverture contre la chienne qui jouait le rôle de mère de substitution. Au moins avec elle, il avait de l'amour, elle se dévouait pour aller chercher des os de poulet, elle allait voler de la viande pour se nourrir, elle et l'enfant humain. Ils rongeaient ensemble des os! Elle lavait le visage et les mains avec sa langue et l'aimait comme son petit. Elle lui apprit à dormir comme les chiens, la tête entre les pattes. À quatre ans, le petit garçon ne pesait que 12 kg. Le grand-père donna l'alerte à la police et l'enfant fut transporté à l'hôpital, les parents en prison! Si c'est cela que la psychologie moderne recommande: «de ne point trop aimer son enfant», eh bien c'est triste à dire et à voir. Prenons franchement plutôt l'exemple sur les bêtes qui élèvent leurs enfants *sans psychologie humaine* tordue, même si certaines bêtes repoussent aussi leurs enfants = à chacun sa névrose, pourtant...

La psychologie moderne déstabilisatrice de la société actuelle a tendance à parler de «surprotection» des enfants. Or, quand un père et une mère sont durs avec leur progéniture, on les traite pourtant de parents méchants, brutaux et j'en passe, si bien que, finalement, on en vient à se demander où est «la bonne mesure». Freud lui-même a dit à une femme qui lui demandait comment elle devrait élever son enfant à venir: «Madame, quoi que vous fassiez, tout est fichu d'avance.» Il était bien pessimiste, il n'était pas mère, il était homme, un homme tellement occupé par sa profession qu'il

ne trouvait certes pas beaucoup de temps pour se consacrer à ses enfants. *Alors qu'on cesse d'utiliser un tel modèle, 100 ans après l'ouverture de son cabinet à Vienne.*

Je suis pourtant d'avis, moi, l'auteur, que si on n'a pas le droit d'aimer ses enfants et les enfants leurs parents, la vie et la procréation n'ont pas de sens. Mieux vaut alors élever des chiens et des chats, et même ceux-là réclament de l'amour à cor et à cri. Non, je suis pour l'amour qu'on donne à ses enfants, sans rien attendre d'eux en retour plus tard. S'ils nous donnent aussi de l'amour une fois devenus grands, c'est bien. *Ça, c'est la vie sur Terre quand nous formons une famille.* Je vais même beaucoup plus loin: Je dis: si les enfants n'ont pas le droit d'aimer leurs parents, comment voulez-vous qu'ils soient en mesure d'aimer un ou une partenaire plus tard??? Ce sont des manières de la contre-culture et des pourvoyeurs de drogue, venus des USA, qui prescrivent à leurs clients de FUIR LES PARENTS, ce n'est pas du tout pour aider le jeune homme ou la jeune fille à s'assumer dans sa vie, c'est juste pour qu'il / qu'elle se taise à la maison concernant sa consommation de drogue, vu que c'est PÉNAL, même si on tente de plus en plus actuellement d'influencer les faiseurs de lois pour que ça devienne «innocent» de se droguer. On les somme de se taire, car, dit-on, si tu parles, on va tous en tôle... et toi aussi. Pris de peur, le jeune se tait et fuit ses parents, il fuit la société. Il est pris dans la toile d'araignée, il est englué, mangé par l'araignée appelée DROGUE. Il lui est très difficile de s'en sortir seul, il dépend de plus en plus de la drogue, alors il se tait, il subit, et c'est la déchéance humaine à long terme.

Victor et Adrien furent mis au courant des dangers qu'ils couraient dans ce sens. On a toujours beaucoup parlé de tout à la maison, aussi bien de la sexualité, de l'homosexualité que de la drogue, notamment du fait de fonder une famille plus tard, de devenir homme et de s'assumer dans ce rôle. Rien n'a été négligé. Il est facile de parler de toutes ces règles quand on les applique soi-même.

En automne 1979, Victor est descendu en ville pour y fréquenter l'École Supérieure de Commerce, afin d'y préparer sa maturité commerciale, son frère Adrien l'ayant précédé là-bas un an auparavant. Adrien était brave», il avait une chambre, et en rentrant de l'école, il jouait de la guitare dans cette pièce, tout seul, mangeant un panier de raisins un soir quand sa mère descendit lui rendre visite. Il était dans une famille, et au fond, c'est une bonne chose, que de placer l'adolescent dans une famille plutôt que de le laisser à lui-même et à toutes les tentations qui le guettent. Même s'il était indépendant, il y avait quand même un petit contrôle, la famille habitant la maison. Il mangeait à l'école et faisait sa musique.

Quand Victor le rejoignit, les parents crurent bon de prendre un appartement pour les deux fils qu'ils meublèrent gentiment à leur goût du moment. Chaque 4-8 heures, on était en contact téléphonique» le samedi on se voyait pour manger ensemble et pour faire le ménage, nettoyer, passer l'aspirateur, laver la vaisselle empilée souvent, car ces messieurs étaient un peu paresseux et ne voyaient pas la nécessité de faire grand-chose dans l'appartement. Nous avons tous été jeunes une fois et nous comprenons ce

manquement. Par la suite, ils s'habituèrent un peu à ces tâches, et cela alla mieux.

Leur vie était composée de l'école et de la musique. Très vite, ils fondèrent un petit groupe et jouèrent: Adrien de la guitare et Victor de la batterie. Ils avaient le don de la musique de par leur mère et de son application. Ils se mirent à fumer et voulaient faire comme les adultes, puis ils rencontrèrent des copines et c'est à partir de là que les choses changèrent considérablement, même si les parents respectifs étaient d'accord au sujet de ces fréquentations. Les parents les avaient avertis des dangers de la grossesse, de la pilule à prendre pour les jeunes filles et de la sexualité débridée comme elle existe depuis quelques années. Les parents soulignaient d'abord l'importance des études à FAIRE, CE QUI DOIT ÊTRE FAIT D'ABORD, et les amusements ensuite.

Adrien travailla très bien à l'école, très bien en musique, il eut sa copine et il termina sa scolarité et sa maturité à temps. Était-ce parce qu'il reçut plus de claques que Victor, à cause d'un problème de jalousie concernant sa rivalité fraternelle, tandis que son frère était un garçon tranquille, sans problèmes, gentil et bon garçon? On ne le saura jamais, c'est la psychologie moderne qui parle de surprotection. L'auteur n'est pas d'accord avec ce terme, car la mère seule sait comment c'était vraiment et comment elle a élevé ses enfants. Elle n'a pas perdu la mémoire! Il est facile de mettre des étiquettes sur le dos des parents quand on n'a aucune idée de la vie de famille des gens.

Adrien est aujourd'hui marié, il est cadre dans une grande entreprise, il vit bien, il gagne très bien sa vie, il est gentil avec sa femme. Il mène une vie ordonnée, il est intégré dans la société. C'est un jeune homme intelligent, cultivé, au moins trilingue, un jeune homme moderne. On peut dire qu'il suit, pour un minimum au moins, la filière parentale. Il a droit à ses idées de jeune, à sa façon de voir et de considérer la vie. Ses parents sont très contents de le savoir heureux. Il habite à 20 minutes de chez eux, ils ne se voient pas très souvent, mais ils s'aiment bien, ils sont comme des amis de cœur, c'est très bien comme cela. Les parents qui continuant à avoir leur vie encore relativement jeune et unie à deux, ne demandent pas plus.

Quant à Victor, nous nous engageons, par ces lignes, sur une trajectoire tout à fait différente:

Victor, le bon garçon sans problème, en bonne santé physique et mentale, pas plus névrosé qu'un autre pour rester dans le langage psychologique fait ses études. Il terminera sa première année avec le diplôme d'employé de commerce, avec des notes suffisantes, mais rien de brillant. Ce n'est pas important pour les parents, l'essentiel étant qu'il passe. Il n'était pas question d'en faire un intellectuel s'il ne le désirait pas ou s'il n'avait pas la force de le devenir. À chacun sa liberté. Les jeunes ont le droit de choisir leur voie, leur profession, leur avenir. Adrien et Victor avaient choisi la voie commerciale d'abord, ils verraient ensuite ce qu'ils feraient concernant d'éventuelles études ou non. Ainsi, ils avaient tout de suite un métier en main, et pouvoir

faire ses comptes dans la vie, c'est toujours une bonne chose. C'est utile à tous.

Adrien et Victor restèrent ensemble pendant un an dans l'appartement loué par les parents, Adrien termina et s'en alla travailler. Il commença par une ou deux années de musique en tant que professionnel. Soit dit en passant, Adrien fut enchanté de son séjour à l'étranger en tant que musicien et c'est plus tard avec plaisir qu'il passa dans un bureau pour y devenir cadre.

Victor commença sa deuxième année commerciale, celle où il obtiendrait sa maturité. Il changea d'appartement, on lui en prit un plus petit. Il avait une copine qui travaillait, un an plus âgée que lui. Elle s'appelait Victorine, presque comme lui. Elle était aussi grande que lui et tous les deux, amoureux, vêtus de noir la plupart du temps, devenus motocyclistes. Il allait chez les parents de Victorine, elle venait chez les parents de Victor. Tout semblait aller pour le mieux dans leur jeune vie. La mère de Victor se souvient encore comme si c'était hier lorsque son fils lui demanda si la fille lui plaisait, qu'elle avait été chez le gynéco chercher la pilule. La mère fut étonnée de cette franchise. Elle répondit à son fils que son choix lui était propre et qu'elle était contente de son choix.

Puis, les mois de la maturité s'approchant à grands pas, il fallait «bûcher». On avait l'impression que Victor travaillait assidûment. La jeune fille termina son apprentissage, mais Victor, lors de son anniversaire en novembre, fit des confidences à son père: la fille se droguait et l'incitait aussi à le faire. Il lui avait conseillé d'arrêter et de consulter

quelqu'un pour s'en sortir, ce que la jeune fille repoussa naturellement. Le père renseigna son fils sur les dangers de la drogue et les maladies qu'elle peut entraîner. Victor se garda de parler plus. On en resta là. Puis peu avant les examens de maturité, Victor raconta à son père que la jeune fille ne voulait plus de lui, qu'elle ne voulait plus rester avec lui s'il ne se droguait pas aussi avec elle. Victor rata sa maturité de deux points à cause de la géographie! alors qu'il était intelligent, cultivé, capable de mener cette tâche à terme.

Puis vint l'heure du service militaire. Il faut bien admettre que Victor fréquentait avec cette jeune fille un monde marginal résolument dressé contre la société, contre le service militaire, etc. Les parents intervinrent fortement, et Victor s'en alla quand même faire son école de recrues. Il fit pourtant tant et si bien qu'il doit avoir un dossier épais au service, afin de ne pas grader. Il fut muté dans une compagnie moins exigeante, et les 4 mois requis passèrent.

Pour Victor, la maturité ratée, la jeune fille perdue, l'école de recrues, ce fut beaucoup à la fois, mais il tint quand même à peu près le coup, bien qu'il parût déjà un peu marginal aux yeux de ses parents quand il se retrouvait sans argent le week-end dans des hôtels en Suisse allemande, en congé militaire, qu'il se cuisait de l'orge dans la chambre et rien d'autre ou qu'il demandait un chocolat gratuit à l'hôtelier et qu'il passait son temps à dormir à l'hôtel pour récupérer la semaine passée au service militaire.

Il rentra de son service militaire en novembre, et l'école lui proposa de répéter l'année, ce qu'il accepta. Ses parents lui

louèrent un nouvel appartement qu'ils payèrent, ils le meublèrent à neuf, le reste était fourni par Victor lui-même qui bricola un tas de choses, une table basse, etc. Il dit qu'il espérait que la jeune fille reviendrait, qu'elle le lui avait promis. Il devint bon en maths. Il donna même des leçons à de jeunes élèves en primaire, en difficulté dans cette branche.

Dès ce moment commence la tragédie de vie de Victor: Victorine ne revint naturellement pas, c'était de la blague, elle l'avait «entretenu» dans son espoir, on ne sait pas pourquoi. Le craignait-elle? Non seulement elle ne revint pas, mais elle quitta la Suisse pour au moins une année avec un ex-copain. Quand Victor l'apprit, il s'effondra, mais il ne raconta rien à personne, il garda tout dans son cœur. C'est sa mère, détective sur les bords, qui l'apprit par une tierce personne. Elle se renseigna et apprit le pot aux roses, le départ de la jeune fille.

Pendant le mois qui suivit, Victor resta dans son appartement il perdit 10 kg, il ne mangeait plus que des pommes. Il devint l'ombre de lui-même. Il finit de trier une collection de timbres laissée par sa grand-mère décédée à lui et à son frère et alla la vendre, en partageant la somme équitablement entre lui et son frère. Puis il déclara remettre son appartement, il ne voulait plus de cette maturité; il jeta la plupart des meubles, y compris le grand et beau matelas tout neuf à deux places, la jolie table, etc. Il déclara à ses parents vouloir aller encore faire un petit tour de fin d'études avant d'aller travailler. Ses parents ne lui en voulaient même pas d'avoir abandonné ses études, ils ne lui

faisaient pas grief pour tout l'argent dépensé pour lui sans résultat qu'ils avaient investi pour des prunes...

Dès ce jour, Victor devint drôle, marginal. Quand ses parents lui demandaient quel serait son avenir, il devint méchant, criant avec ses parents, disant *qu'il voulait rompre les ponts avec eux, principalement avec sa mère*. Il avait donc bien subi l'influence du monde marginal qu'il avait fréquenté avec Victorine: fuir les parents, et pour cause...

Victor partit dans la campagne, à pied, en stop, il dormit dans les forêts, dans un sac de couchage; en avril, il ne faisait pas chaud, il pleuvait surtout beaucoup. Il perdit son porte-monnaie, ses papiers personnels. Ce fut la police d'un village qui avertit les parents et qui les envoya chez eux.

Au bout d'une semaine, Victor rentra au domicile parental; il avait encore un peu d'argent sur lui. Il déclara qu'il avait envie de finir sa période de vacances en faisant encore un petit voyage en Inde. Jusqu'à ce jour, les parents ne comprennent pas pourquoi. Victor prit un billet simple course pour la Nouvelle-Delhi, donc, il n'avait pas l'intention de revenir, semble-t-il. Comme il était secret, replié sur lui-même, il ne donna aucune explication à ses parents. Quand on lui posait des questions pressantes ou que les parents commençaient à s'énerver, *Victor devenait violent et méchant*. Aux yeux de ses parents, il commença à être malade à cette époque déjà, ses réactions n'étant plus celles de leur fils qu'ils avaient connues à l'époque précédente.

Victor partit de Genève avec Aéroflot sans vaccination aucune, alors qu'il est préférable d'en avoir pour se protéger

des maladies en Inde, sans bagages comme certains jeunes. Il se passa une dizaine de jours, puis un télégramme atteignit les parents où il leur demandait de lui envoyer 2000 francs. Les parents en tombèrent des nues. Que voulait-il faire? «Aller au Tibet.» Leur réponse fut: «regrettons, impossible.» Puis plus de nouvelles, puis un nouveau télégramme dans le même sens que le premier. Il n'avait plus d'argent. La mère se rendit au bureau de voyages; elle apprit qu'il était impossible d'envoyer un mandat en Inde, qu'un versement bancaire prendrait x jours, etc. Elle essaya de lui faire parvenir le billet de retour: en vain. Alors, quoi faire? Un télégramme dans ce sens n'atteignit pas son destinataire. Le bureau de voyages, malgré les supplications de la mère, refusa de remettre un billet de retour à Victor; il n'existe pas de billet bon marché depuis l'Inde en Suisse, mais seulement au départ de la Suisse.

Pendant ce temps, Victor crevait de faim, il dormait par terre. Le soleil violent lui brûlait la peau. Alors sa mère se concentra sur lui et dit: «Victor, va à l'ambassade de Suisse. «Elle répéta cette phrase nuit et jour, son cerveau allait parfois sauter tant elle était tendue de répéter inlassablement la même chose. On ne peut par ces lignes assez exprimer le chagrin des parents qui fut immense, sans compter les énormes frais engloutis à cause du comportement de Victor que ce soit pour les innombrables téléphones, télex, l'énervement, l'énorme tension nerveuse.

Puis un jour, l'ambassade de Suisse appela les parents en disant que leur fils s'y était présenté, qu'il en avait eu l'idée. Les employés furent charmants, ils proposèrent de donner

de l'argent de poche à Victor, ils affirmèrent qu'il était o.k. et ils dirent qu'avec l'assurance de paiement des parents, ils pourraient rapatrier Victor en Suisse, ce que les parents acceptèrent. Il fallut payer 1600 frs pour le billet Swissair simple course, La Nouvelle-Delhi-Genève, plus les frais administratifs au Bureau Central de Police à Berne.

Le lendemain, Victor arriva à l'aéroport de Genève. Ses parents, malgré tout, se réjouissaient de le revoir et ils pensaient que l'épisode serait maintenant terminé, que c'était une fois et plus jamais...

Dès que Victor apparut derrière les vitres pour prendre son sac de voyage, les parents lui firent signe. Ce dernier ne répondit pas. Il les regarda d'un air sombre. Un voyageur le toucha au bras pour lui montrer qu'on lui faisait signe. Il jeta un regard absent, et ce fut tout. Le voyageur sembla quelque peu étonné de cette réaction...

Bonjour, Victor, dit papa, dit maman; bonjour, fit-il. Ses parents voulurent l'embrasser, alors il les repoussa violemment en disant «loin de moi, ne me touchez pas, le mal est entré en moi en Inde.» Ses parents en restèrent bouche bée. Victor raconta brièvement qu'on l'avait touché de la main en Inde et que dès ce moment, il se sentit mal. Le mal avait pris possession de sa personne. Que répondre vis-à-vis d'une telle affirmation? Mieux vaut se taire. Les parents prirent leur voiture, et Victor monta derrière comme de coutume. On ne parla pas. Sa mère était aux cent coups. C'est elle qui conduisait l'auto. Elle en pleurait au volant. Ils se dirigèrent vers une station de villégiature où Adrien jouait de la musique. On avait fait rendez-vous pour manger

ensemble à midi. On prit d'abord l'apéro au bar, et le père commit l'impair de dire: «peut-être aurons-nous le plaisir de voir bientôt Victor installé dans un job à Lausanne, maintenant qu'il est de retour de vacances.» L'orage de colère ne tarda pas à se déclencher, des éclairs de haine dans les yeux de Victor lui firent perdre tout sens de la raison. Il se mit à hurler dans le grand hôtel devant tout le personnel, à traiter son père d'ordure, de pute, de tous les beaux qualificatifs imaginables. La mère l'attrapa par la veste, et Victor se ravisa un peu en la priant de «rester tranquille, elle». Il criait tellement qu'on aurait dû appeler un médecin. Il fit honte à toute sa famille. Le père partit avec le fils aîné, et la mère s'en alla avec Victor en auto. Que faire d'autre dans une telle situation? Victor ne pouvait plus se reprendre. Il avait perdu la boule pour parler franchement! À noter qu'il était rentré d'Inde complètement brûlé par le soleil de 40-50 °. Il avait l'air indien ou africain. Ce bronzage excessif mit 6 mois pour disparaître. Sans doute a-t-il été victime de drogue là-bas dans sa boisson, car il est connu que c'est plein d'Américains drogués à la recherche de clients consentants ou pas. On ne peut pas s'expliquer ses réactions autrement.

La mère amena Victor à Nyon. Elle avait peur de lui, mais il ne se passa plus rien. Il voulut 100 frs pour soi-disant aller chercher du travail lundi prochain et il descendit à la gare pour aller à Lausanne. La mère était désespérée.

Une semaine plus tard, Victor appela son frère pour tenter de lui demander de l'argent pour vivre, ce qu'Adrien refusa sur conseil de sa mère. Il l'amena à la maison paternelle, la

mère fit du thé; elle s'était procurée chez le médecin de famille, entre-temps, du Lexotanil®. Elle lui en mit deux tablettes, et Victor s'endormit à moitié, mais cela ne suffit pas pour attendre la venue du médecin appelé en urgence. Les parents désiraient savoir si leur fils était drogué ou devenu malade mental, vu ses réactions imprévisibles dès qu'on lui parlait d'intégration sociale, de travail. Victor s'aperçut que le médecin arrivait, il prit ses jambes à son cou et s'enfuit par une porte de côté de la maison. Le médecin pensa que Victor était devenu schizophrène.

Cette nuit-là, il plut comme jamais dans la campagne; Victor dormit à la belle étoile, sans argent, tout sale avec les mêmes vêtements d'avant son départ pour l'Inde. Inutile de dire que ses parents ne fermèrent guère l'œil. Le matin, levée de bonne heure, sa mère se mit en route en auto, car elle pensait que Victor se sentait toujours attiré dans la ville où il avait fait ses études. Elle ne se trompait point. Sur la route, elle rencontra un jeune homme avec un bonnet bleu à rayures blanches faisant du stop. Elle s'arrêta. Il reconnut sa mère et monta en lui demandant si elle allait là où il allait, lui?

Très vite, il s'enquit pour savoir si elle avait de l'argent à lui donner pour vivre. Il voulait nettement se faire entretenir par ses parents. Elle lui remit quelque chose et l'entraîna au buffet de la gare voisine pour déjeuner. Puis elle se rendit, sous prétexte d'aller à la banque, à la gendarmerie. La révolte grondait en elle. Jamais elle n'accepterait d'entretenir son fils, lui qui avait tout pour pouvoir travailler et fonctionner. Elle se renseigna auprès des gendarmes si on

pouvait obliger un jeune homme adulte d'aller consulter un médecin, afin de détecter ce qu'il avait. La gendarmerie lui conseilla d'aller chez le préfet, qui fut très gentil et très compréhensif, lui remettant de son propre chef une permission d'amener.

Victor était majeur. Quelle majorité pensa la mère et elle retourna de ce pas à la gendarmerie. Les gendarmes mirent un habit civil et l'accompagnèrent au buffet de la gare. Quand Victor la vit avec ces deux hommes, il s'enfuit. Alors les gendarmes lui coururent après aussi vite qu'ils pouvaient, mais grâce au sport d'école et du militaire, Victor était plus rapide qu'eux, il les sema dans les broussailles; mais eux, fort physiquement, avec des techniques spéciales purent le maîtriser et l'amener au poste où on palabra. On convint ensemble avec la mère et eux qu'ils iraient tous ensemble chez un médecin. Rendez-vous d'urgence fut fait, et en 15 minutes, on se retrouva tous là-bas. Victor injuria encore les gendarmes et les menaça de «baffes». Le médecin reçut Victor, puis reçut la mère et ordonna une entrée à l'hôpital psychiatrique pour contrôle.

Là-bas, oh grande surprise, une jeune femme médecin assistante fit remarquer à Victor qu'il n'avait pas besoin d'accepter son hospitalisation, qu'il n'avait nullement besoin de se faire soigner s'il n'en avait pas envie... Victor fit donc recours auprès de la justice, la femme médecin lui ayant remis la formule adéquate. *Ç'aurait été une occasion de se retourner légalement contre elle pour non-assistance à personne en danger, vu qu'il était devenu inconscient.* Pourtant l'hôpital garda Victor pendant 15 jours, ce que les

parents n'avaient pas demandé et on y fit tous les examens. Le diagnostic fut: schizophrénie — paranoïde.

Victor reprocha longtemps à ses parents de l'avoir fait interner, ce qu'ils refusèrent d'admettre, disant qu'ils avaient juste voulu savoir où il en était: malade ou drogué; qu'on l'ait gardé 15 jours, ça c'était du ressort du médecin psychiatre. Pourtant, Victor ne reçut aucune pilule, on le laissa sans soins, vu qu'il refusait de se faire traiter...

La mère apporta deux bouteilles de vin aux gendarmes qui lui remirent le sac de couchage de Victor plein d'escargots et de terre. Ils affirmèrent n'avoir jamais vu des vêtements et un sac de voyage dans un tel état de saleté, tout mouillés. Victor avait déchiré tous ses diplômes, tous ses papiers personnels, tous ses permis de conduire militaires et de moto, y compris son acte d'origine et son acte de naissance. Ses parents durent tout racheter.

Au bout de 15 jours, Victor put rentrer de l'hôpital. Qu'allait-il faire? Le juge qui s'était occupé de l'affaire, pas du tout aimable avec les parents, exigea que Victor ait un domicile inscrit au Contrôle de l'Habitant. Victor accepta. Le juge ne voulait plus qu'il dormit dans les forêts. *Mais jamais il ne fut question de lui dire d'aller se faire soigner. On le laissa mijoter dans son jus, ainsi que ses parents.* C'est aujourd'hui un gros reproche que les parents font à la justice, sous prétexte de la «loi sur les droits de l'homme». Les droits de l'homme peuvent être assumés par une personne en santé, une personne malade mentale ne peut plus assumer ses droits, donc ce sont ses parents qui doivent pouvoir prendre

la relève automatiquement, et le juge doit être assez «éclairé» pour le proposer.

Victor alla donc s'installer à l'auberge de jeunesse, ayant refusé d'aller dormir le soir à l'hôpital. Le médecin, bien que sachant pertinemment que Victor était tellement malade qu'il ne pourrait pas travailler, lui conseilla néanmoins d'aller se chercher un emploi dans la ville! Avec sa mine sombre, son allure négligée, ses cheveux dressés et non coiffés, qui allait le prendre dans un bureau, je vous le demande? Il me semble qu'un médecin devrait avoir plus de «bon sens». C'est donc encore et encore ses parents qui lui donnèrent de l'argent pour manger et dormir dans son pauvre état. Victor se promenait de long en large, faisait mille offres de services en vain... Il arriva finalement à toucher du chômage. Puis un ami de la famille lui procura un job dans un bureau de l'administration. Naturellement que Victor ne pouvait tenir le coup et qu'après deux semaines, il prit la fuite en quittant son emploi in extremis.

Victor revint 10 jours plus tard; il avait été en Corse, il avait dû aller s'aérer, disait-il. Il imagina que ses parents continueraient à l'entretenir dans une auberge de jeunesse, ce qu'ils déclinèrent. Ils lui suggérèrent de rentrer au domicile paternel, ce que Victor accepta finalement et ainsi, les parents purent reprendre de l'influence sur leur fils qu'ils avaient perdu grâce à la justice et à l'hôpital mauvais conseiller.

Inutile de dire que Victor écrivit d'innombrables offres de service, qu'on le prit parfois dans un bureau pour 2 jours, pour 1 mois, deux mois et que finalement, il se retrouvait à la

porte pour diverses raisons, car il n'avait pas la force de travailler sans erreur, c'était au fond naturel quand on est *une personne malade non soignée*. En lui disant de quitter son emploi ou s'il le quittait en filant, les gens se rendaient bien compte que quelque chose ne tournait pas rond dans la tête de ce garçon.

Après un Xe emploi, un jour, Victor disparut. Personne ne savait où il était allé. Ce n'est que 10 jours plus tard que l'ambassade de Suisse à Paris appela les parents pour leur demander s'ils étaient prêts à payer le rapatriement de leur fils. C'était donc là-bas qu'il avait été s'aérer une nouvelle fois. Il avait quitté sa chambre d'hôtel, son patron dans une petite ville suisse, sans mot dire. Les parents l'excusèrent et payèrent la chambre. Il avait même laissé ses habits dans l'armoire. La mère rapatria le tout à la maison, une fois de plus.

Les parents n'étaient là que pour payer et payer encore. Cependant, ils affirmèrent que leur porte resterait ouverte à leur fils, car il n'avait nulle part où aller. Il ne recevait aucun médicament, sa mère se bornait à le soigner à l'homéopathie, chose qui l'a certes aidé, mais il est clair aujourd'hui qu'il n'y avait que les médicaments classiques psychiatriques pour soigner une telle maladie.

La dette de Victor s'enfla et s'enfla. La mère se dit qu'elle se ferait rembourser un jour quand Victor travaillerait. Avec le temps, son comportement s'améliora quelque peu, Victor put travailler de temps en temps un mois et il repaya tous les voyages et les grosses sommes dépensées. On lui fit cadeau des innombrables petites choses. Si on avait voulu lui

demander de tout repayer pendant toutes ces années passées, il en aurait eu pour des années!

Il passait ses journées assis sur un canapé à fumer, SANS SOINS MÉDICAUX, SANS INTERVENTION D'UN PSYCHIATRE. Il sortait boire ses cafés journaliers et rentrait dormir un moment, puis repartait, ainsi de suite, mangeant avec ses parents, dormant jusqu'à midi, regardant la télévision.

Le père disait souvent à la mère de considérer Victor comme un locataire en pension, mais il faut être autre chose pour penser ainsi froidement quand on a connu son enfant en bonne santé, né normal. On ne peut pas s'allier à une telle idée quand on voit le fils malade. Si c'était un accident irréversible de voiture, même si c'est très triste, on peut se faire à l'idée, mais si tout à coup, un jeune perd la boule sans grande raison apparente aux yeux des parents qui ne sont pas mis au courant, c'est inacceptable. Il n'y avait pas que le fils malade qui était malheureux, les parents le devinrent aussi, il va de soi. Eux aussi, ils auraient voulu vivre individuellement leur vie de couple et voir leur fils s'intégrer et aller faire sa vie d'homme avec une femme.

En 1983, les parents eurent la chance de vendre leur maison. Ils donnèrent 10 000 frs à chaque fils pour les travaux faits en son temps en commun. Victor en profita pour aller vivre dans un hôtel et faire ses offres de service. Il eut un emploi, mais en 6 semaines, il se retrouva à la porte et quand il eut tout mangé son argent, il rentra au bercail. Il déménagea avec ses parents dans un autre endroit de Suisse. Toujours les mêmes réactions: emploi, mise à la porte, pas d'emploi, pas de succès, fugues à Paris ou en Suisse, etc.

Le temps passa, TOUJOURS SANS SOINS MÉDICAUX, ASSIS SUR SON CANAPÉ, soigné tant bien que mal par sa mère qui ne lâcha jamais le morceau. Victor disait: JE NE SUIS PAS FOU, DONC PAS» MALADE. C'est tout juste si ce n'était pas les parents qui étaient, eux, fous, en tout cas aux yeux du psychiatre moderne, DES PARENTS ABUSIFS... juste bons pour entretenir leur fils et supporter ce fardeau au fil des ans.

Victor n'oublia pas la question d'aller au Tibet, il voulait s'y rendre à tout prix dès qu'il pourrait. Il alla même demander le visa à l'ambassade de Chine. De peur qu'il file, la mère prit contact avec ladite ambassade qui fut excessivement aimable et assura qu'elle ne remettrait aucun visa à Victor. En Chine, même communiste, ce n'est pas comme en Occident où on se moque des parents. L'assistante d'ambassade trouva la question TRÈS TRISTE et assura à la mère qu'elle n'avait aucun souci à se faire. De toute façon, la Chine ne voyait pas d'un bon œil ces jeunes Occidentaux allant traîner la savate là-bas. Par la suite, le voyage grimpa à 11 000 frs, et Victor oublia la question. Il a imaginé plus d'une fois aller au Tibet par le Népal en transportant 30 kg de tsampa sur le dos pour manger. Le psychiatre de l'hôpital le soutenait dans ses vues et déclara même qu'il l'accompagnerait... Parfois on se demande qui est le malade et qui est le psychiatre...

En 1985, Victor dut faire un cours d'armée. Là, la mère chercha un nouveau psychiatre au nouveau domicile et même si le contact avec lui ne fut pas des meilleurs, au moins il libéra Victor de l'armée définitivement. Pour lui

aussi, à peu de choses près, c'était la faute de la mère si Victor déraillait... Il perdit tout à coup 10 kg, il prit peur et ses parents aussi. Il accepta alors d'aller consulter un généraliste très aimable qui lui remit des vitamines, mais pas de neuroleptiques, vu que Victor se disait NON FOU, en bonne santé. Cette sacrée loi sur les droits de l'homme qu'on déforme à sa manière. Les médecins en ont peur! Le psychiatre militaire non plus ne remit jamais aucune pilule à Victor, il resta ainsi encore 1 an au moins SANS SOINS... *Il passa ses jours sur son canapé pendant à peu près 2000 jours de maladie et même plus longtemps.*

Quelle patience les parents durent montrer, quel courage, à un tel point que bien souvent, ils étaient sur le point de craquer, mais une ferme croyance en Dieu leur permit de tenir le coup et de se dire: un jour, notre fils sera guéri, mais quand? La prière chaque nuit pendant des années, sans résultat, c'est à vous faire perdre la foi.

Un jour, Victor fit une nouvelle fugue un soir à 18 h. Il fila sans un sou à Paris en train, en passant à travers les mailles des contrôleurs. Il mangea dans les poubelles, coucha par terre, attrapa des poux partout, etc. Là aussi, une nouvelle fois l'ambassade de Suisse appela pour le rapatriement, une fois de plus. Une fois de plus, les parents payèrent, une fois de plus Victor remboursa quand il le put.

Un jour, pourtant, le soleil se leva plus haut que d'habitude: un ami psychiatre vint de Bulgarie en vacances en Suisse et passa chez les parents quelques jours. Il constata que Victor était malade et en fit la remarque. La mère acquiesça, et le médecin lui proposa de mettre une pastille dans la soupe de

Victor pour le soigner. La mère fut très très d'accord, et on se rendit chez le gentil médecin de famille qui accepta de faire l'ordonnance. Victor fut soigné, et au bout de 10 jours, il dit tout seul spontanément: «Je ne veux plus rester ainsi, je veux me soigner et me guérir!» Quelle nouvelle, les parents n'en revenaient pas! La pastille avait mis de l'ordre dans la tête du patient. Dès ce jour, Victor fut soigné régulièrement et officiellement. Le médecin lui proposa même d'aller en Bulgarie pendant un mois et qu'à son retour, il pourrait aller travailler. D'abord ce fut non, mais la mère travailla la question chaque soir, et au bout d'un mois, Victor accepta d'aller là-bas en avion. Sa mère l'accompagna à l'aéroport de Zurich, et Victor s'envola vers la guérison. L'ami médecin affirma que dans son pays, on soigne d'office les schizophrènes, aussi les Occidentaux qui ont des crises, et ils sont nombreux, ceux passant là-bas par des compagnies d'aviation meilleur marché. On ne les laisse pas traîner comme cela pendant des années, à croupir tout seuls dans un coin comme des centaines d'autres jeunes drogués et malades mentaux en Suisse qui n'ont plus la force de se soigner, étant devenus beaucoup trop malades pour cela. Sous le couvert de la loi sur les droits de l'homme, on néglige un devoir impératif, mais on s'occupe des Tamouls, des Noirs, des Turcs et les chéris des Églises.

Quoi qu'on puisse dire de ces régimes totalitaires en Europe de l'Est, en tout cas, bravo mille fois: chez eux, on soigne les jeunes malades mentaux sans leur demander s'ils le veulent. Il me semble que notre médecine est très contradictoire: si je me rends chez le généraliste pour maux d'estomac, de cœur ou de reins, on me prescrit une brouette de

médicaments. Si je me rends chez le psychiatre et que j'ai perdu la raison, pour demander des soins, on me laisse comme un chien errant. C'est une honte nationale. Qu'on me prouve en 1989 lors de la mise en page de ces lignes que ce n'est plus le cas et, alors, je m'engage à éliminer ces propos de la nouvelle édition de ma brochure à paraître.

Il me semble bien qu'il y ait trop d'intérêts en jeu, de la part des pourvoyeurs de drogue qui touchent tout le monde et qui offrent des sommes conséquentes à des personnalités importantes. Une fois un policier de la secrète me l'a affirmé dans un canton où nous avons habité. Les malades sont des clients potentiels, donc aucun intérêt de les guérir... Je me suis souvent, très souvent posé cette question, cela ne peut pas être autrement, franchement parlé.

Victor passa un mois en Bulgarie à raison de 30 dollars par jour, plus le vol. Il fut très bien soigné, le psychiatre l'ayant invité chaque week-end chez lui à la maison. Ce n'est pas ici qu'un psychiatre prendrait un malade à la maison le week-end, à peu d'exception près, je pense. On lui fit deux électrochocs, on lui prescrivit des médicaments, et un jour Victor rentra en bien meilleur état. Il pouvait travailler, aux yeux du médecin traitant. Les parents sont infiniment reconnaissants à la Bulgarie, qui même avec ses moyens simples mit le traitement de leur fils en route, le fit soigner et ne demanda rien en échange, même si on pourrait en douter. Le décompte des jours passés fut rigoureux, et une somme fut offerte en remboursement, somme que les parents donnèrent en remerciement à l'hôpital pour ses bons soins et son dévouement. Le soir, les étudiants en

médecine sortaient en tram avec Victor au cinéma. Je ne crois pas que nos étudiants en psychiatrie sortent le soir avec des malades... Il n'y a donc pas seulement un régime totalitaire dans ces pays, il y a quand même du cœur, et à la bonne place. Victor a été enchanté de son séjour, même s'il était séparé de ses parents, chose qu'il n'a pas tellement bien supportée une fois qu'il était soigné en conséquence.

En quittant la Bulgarie, son psychiatre affirma que Victor pouvait maintenant travailler, qu'il fallait absolument l'occuper. Dès son retour, sa mère alla le prendre à l'aéroport de Kloten. Victor avait reçu plusieurs médicaments pour le voyage, il parlait difficilement, sa langue était pâteuse. Victor émit le désir d'aller prendre un bain, alors la famille décida de passer la nuit à Olten après avoir voyagé quelque peu. Il dit qu'il n'avait pas eu tellement la possibilité de se baigner en Bulgarie, ce dont les parents doutèrent... Il raconta qu'il avait beaucoup dormi et qu'il devait obéir aux ordres de l'hôpital: défense de fumer dans la chambre. Il fallait sortir dans le corridor, pas comme à la maison où Victor empeste l'air ambiant.

Le lendemain, ils rentrèrent tous les trois au domicile, et Victor se réinstalla sur le canapé, mais désormais il devrait travailler d'abord à la maison, puis il se trouverait ensuite un job au fil des semaines, suivant le chômage qui existait, le manque d'expérience dans son métier, etc.

Ses parents le mirent doucement au travail, et cela faisait plaisir de le voir assis à un bureau à la demi-journée, l'après-midi quand il avait bien dormi toute la matinée pour se reprendre. Victor se mit au travail, on en était étonné, cela

semblait marcher. Tout ce qu'il a fait, il l'a toujours bien fait, il faut le reconnaître, donc il ne semble pas qu'il fût tellement malade. Victor était capable de travailler, ce qui lui manquait plutôt c'était DE TENIR LE COUP NERVEUSEMENT dans ce travail. Il fit quelques heures pendant quelques jours, puis un après-midi, il posa la question suivante: est-ce que je peux m'arrêter un moment pour aller boire un café en ville? Désir qui fut accordé. De retour, il reprenait son travail. Cependant, après 10 jours, il tint ce langage: «Mais au fait, est-ce que je dois vraiment travailler? Mais oui, ton médecin le recommande vivement, puisque tu es maintenant EN MESURE DE TRAVAILLER d'après lui. Vas-y, fais-nous ce plaisir. L'engouement était passé, y avait-il un empêchement majeur, une telle psychose? Victor ne travailla plus, il prétendit qu'il ne pouvait plus, *qu'il n'aimait pas travailler!* – *ni non plus pour ses parents*, qu'il avait tout à coup des trous de mémoire, une terrible fatigue, qu'il n'en pouvait plus. On n'insista pas, on retourna chez le médecin, c'était l'été. Le médecin parut dire que c'était parce que c'était la grande chaleur, que les gens qui prennent des médicaments souffrent plus de la chaleur que nous autres. On lui donna des vitamines. Il passa donc la plus grande partie de la journée couché sur son lit, même plus du tout assis sur le canapé; il ne regardait plus la télévision, il dormait bientôt jour et nuit. On laissa le temps passer, les jours se refroidir jusqu'à l'automne. Les jours furent longs pour les parents! Les parents sortirent beaucoup avec Victor, pour le sortir de sa fatigue psychique ou autre. Le généraliste recommanda que Victor aille aussi parler chez un psychiatre, ce qui fut fait. Il eut des rendez-vous chaque semaine, le psychiatre suisse critiqua la psychiatrie bulgare, disant que là-bas, elle n'est

pas aussi moderne qu'en Suisse, qu'on donne trop de médicaments, et j'en passe. Pourtant, il ne changea rien aux médicaments; Victor recevait des médicaments occidentaux en Bulgarie, les mêmes qu'en Suisse, donc je ne vois pas où la critique tient, c'était plutôt de la jalousie ou une histoire de politique. Victor rapporta ces faits à la maison, il doutait de la psychiatrie bulgare. Les parents lui répondirent qu'il n'était pas en mesure de juger, qu'à leurs yeux, l'essentiel était qu'il avait été enfin traité et que les soins étaient mis en route officiellement. Selon le psychiatre suisse, on aurait bien pu aussi lui faire les électrochocs dans le pays affirmait-t-il à la mère, mais lui... n'avait jamais proposé la moindre pilule à son patient. Donc, il était facile de parler après coup, après n'avoir rien fait. C'était juste à cause de la sacro-sainte loi sur les Droits de l'Homme de ficher sa vie en l'air si on en a envie. Le psychiatre suisse affirma que ce sont tous ces marginaux qui veillent à ce qu'on ne soigne pas un jeune qui ne le veut pas, qu'on le laisse bien tremper dans son jus, jusqu'à ce que mort s'ensuive s'il le désire ainsi. Les parents répondirent à ce monsieur qu'au moins en Bulgarie, on fait bouger les choses, on les fait avancer. Victor va beaucoup mieux, il a une meilleure tête, un cerveau mieux en place. De plus, grâce à la Bulgarie, il a reçu des médicaments, ce qui ne fut JAMAIS LE CAS EN SUISSE AUPARAVANT. Les parents firent toujours opposition à cette affirmation comme quoi la psychiatrie en Bulgarie serait primitive et en Suisse elle serait à la page, ils ont défendu leur ami psychiatre qui a eu le courage de prendre leur fils en charge sans rien recevoir d'autre que son salaire mensuel à l'hôpital. Les parents voulurent lui remettre une somme pour sa peine, rien n'y fit, il leur affirma qu'il n'avait pas le droit de recevoir des devises

et que si jamais on trouvait des dollars chez lui, il irait en prison... Les parents se rattrapèrent une autre année ultérieurement en l'invitant à passer de nouvelles vacances chez eux, en lui offrant l'avion ainsi que tout son séjour et de nombreux cadeaux sous forme d'achats qu'ils firent avec lui, à titre de reconnaissance. En tout cas, cet homme, chef de la première clinique psychiatrique de Sofia auprès de l'Académie de Médecine, de son pays, est UN HOMME DE cœur, bientôt il sera professeur de sa faculté, mais c'est avant tout un homme consciencieux. Il a dit que cela lui fait mal au cœur de voir ces jeunes de l'Ouest qui vont en Asie via les compagnies de l'Europe de l'Est et qui ont des crises en route, sans soins, dans le dénuement mental et physique le plus total. Que nos médecins respectent cette loi sur les Droits de l'Homme de ficher sa vie en l'air, c'est INCOMPRÉHENSIBLE pour les patients, pour les parents. Même avec la meilleure volonté du monde, CETTE RÉACTION DE LA PSYCHIATRIE SUISSE RESTE UN MYSTÈRE. La psychiatrie française s'est émue de voir tous ces jeunes couchés dans la rue sur le sol, tous ces malades mentaux de la drogue, tous ces désaxés, tous ces chômeurs, ces drop-outs, et ils ont dit, devant cette déchéance humaine, ne plus vouloir accepter ceci les yeux fermés dans l'indifférence. Ils se sont mis à organiser des soins en envoyant des gendarmes en civil avec voitures chercher ces jeunes malades et les amener dans des centres de soins en dehors de Paris. À New York, on va aussi au-devant des jeunes et moins jeunes malades couchés dans la rue ou sur les bouches d'aération chaudes et on est en train de les soigner «d'office», aux grands cris des marginaux et pourvoyeurs de drogue qui perdent par-là des clients potentiels. Eh bien,

35

bravo, voici enfin un geste humanitaire, non seulement en faveur du Tiers Monde, mais en faveur aussi de notre Tiers Monde marginal à nous autres Européens. Nous sommes persuadés qu'il doit y avoir de gros intérêts d'argent cachés, il y a anguille sous roche, car même les gens les mieux intentionnés y perdent leur latin.

Le psychiatre suisse a trouvé une bonne chose: il a dit à Victor qu'à son âge, à 26 ans en 1987, il devrait avoir quitté sa famille d'origine depuis longtemps, ceci sans même tenir compte si le jeune homme était sain d'esprit ou non. Quitter sa famille à 20 ans, disait Freud, c'est une nécessité, mais... il faut pouvoir s'assumer tout seul. Freud n'a en tout cas jamais dit FUYEZ VOS PARENTS, il respectait trop le sens familial, nous avons lu toutes ses œuvres en allemand. Non, il a dit: quittez votre famille à 20 ans environ, *devenez vous-même*, devenez indépendant, agissez par vous-même sans plus devoir toujours demander l'avis de la maison paternelle, achetez-vous vos affaires personnelles tout seul. *Ceci est une réaction naturelle et nécessaire.* Elle s'applique pourtant à une personne en bonne santé mentale, mais pas à une personne qui est schizophrène ou malade mentale. Elle fera ce pas, cette personne, lorsqu'elle pourra s'assumer, prendre toute sa vie en main sans l'aide de personne. C'est comme si on disait à quelqu'un: «marchez!» — alors que ses pieds sont fracturés! Il faut d'abord guérir les fractures et ensuite, avec la physio, la personne pourra REMARCHER et SE DÉPLACER PAR ELLE-MÊME. Donc guérissons d'abord les malades mentaux, faisons tout ce qui est en notre pouvoir pour les aider grandement et après disons-leur: maintenant, vous pouvez aller vivre seul.

Le psychiatre ne s'inquiéta pas tant si Victor pouvait vivre seul, il lui conseilla de quitter sa famille sans mot dire, d'aller s'installer aux frais des services sociaux de la ville, il fit toutes les démarches. Victor raconta quand même aux parents qu'il allait s'installer en ville et qu'il leur dirait où il serait logé, qu'il reprendrait contact avec eux. Les parents n'avaient aucune adresse, aucun mot du psychiatre, cela devait se faire selon le mode FUYEZ VOS PARENTS, c'est comme s'ils étaient venimeux... On lui prépara sa valise, on l'apporta aux services sociaux qui avaient aussi pour mission de ne surtout pas dire aux parents ABUSIFS où était leur fils; c'était une expérience, dira le psychiatre plus tard quand il vit qu'elle échoua... Qui lui donnerait ses médicaments, se demanda la mère? Bref, le psychiatre arrangea de faire une piqûre une fois par mois à Victor, ainsi il serait libéré de la prise journalière de pilules. Il ne lui donna rendez-vous qu'une fois par mois, alors que dans cet état, il aurait justement dû lui proposer de le voir une fois par semaine, si on veut comparer le psychiatre bulgare qui sort avec le patient le week-end en auto, à la montagne et le psychiatre suisse qui met un malade dans la rue et ne le voit qu'une fois par mois... Il ne lui serait jamais venu à l'idée d'inviter le patient tout seul dans la ville, autiste, solitaire et sombre, le dimanche à sa maison. En Suisse, la psychiatrie est au-delà de ces choses, des sentiments, cela ne se fait pas...

Puis il y eut la question de la rente de l'Assurance-Invalidité, dont le bureau était aussi dans cette ville. La fonctionnaire, elle aussi, recommanda vivement à Victor de quitter sa famille, d'avoir son propre compte bancaire où il recevrait sa rente mensuelle quand elle viendrait, sans tenir nullement

compte si le MALADE ÉTAIT EN MESURE DE GÉRER OU NON SON ARGENT. Non, qu'on soit malade mental ou pas, on nous considère comme un être sain, on nous laisse nager même si on ne le sait pas, quitte à se noyer. On verra bien... Un an plus tard, Victor reçut sa rente à 100 %, c'était certes une bonne chose, mais est-ce que cela ne tenterait pas Victor de ne faire aucun geste pour s'intégrer dans la société?

Victor reçut 160 francs par semaine des services sociaux, il fut logé «gratuitement» dans leur hôtel, mais au prix où sont les cafés, les cigarettes, les repas, très vite Victor n'avait plus d'argent. 160 frs. ne suffisent pas à un jeune malade qui n'a autre chose dans la vie que de boire d'innombrables cafés et fumer, qui ne parle à personne. Victor eut la présence d'esprit d'aller au service social qui lui remit encore 50 francs de plus et des bons de repas. Ils lui stipulèrent que c'était un maximum et qu'il devait s'arranger avec cela. Ils parlèrent avec lui et convinrent que Victor irait chercher du travail. Victor avait la faiblesse de dire qu'il «croyait» pouvoir travailler, mais avec son allure désordonnée, ses cheveux en l'air, sa barbe poussant à défaut de rasage, ses habits facilement sales vu qu'il se traînait par terre dans les parcs, sur les bancs, qui le prendrait parmi la majorité des patrons suisses allemands du coin???

Victor envoya son adresse à ses parents et sa mère en profita, pas par abus, mais par conscience de la maladie de son fils, de lui proposer de se voir 1/2 heure une fois par semaine au Buffet de la Gare. Victor accepta, et ils se rencontrèrent régulièrement. Sa mère lui remit encore 70

frs. en plus pour qu'il puisse aussi aller au cinéma le week-end, les 160 francs ne suffisant pas à ce divertissement. Les semaines passèrent, les Adidas de son fils aussi, à force de marcher toute la journée dans la ville, au bord du lac, etc. *Il était plus autiste que jamais, c'est-à-dire complètement replié sur lui-même.* La demi-heure de conversation le fatiguait même, et il s'en allait ensuite tout seul dans la nuit d'hiver. Il toussait fortement. Sa mère l'amena tout de même dans une pharmacie et lui procura un bon sirop qu'elle l'incita à prendre. Il le mit dans sa poche et celle-là, cette bouteille, il l'a bue, mais être toute la journée dehors, ce n'est rien pour une bronchite. Victor voulut montrer sa chambre d'hôtel à sa mère: le lit pas fait, Victor dormant jusqu'à midi, la fenêtre pas ouverte depuis 3 semaines, la taie d'oreiller ensanglantée, car Victor saignait du nez, il avait un gros rhume, il ne se mouchait pas, reniflait, etc. PERSONNE NE S'OCCUPAIT DE LUI, même pas les femmes du service social qui sont pourtant là pour cela. À sa rentrée à la maison, la mère écrivit au service social pour les avertir de ce dénuement, elle envoya même du chocolat à l'assistante en charge: aucune réponse, aucun remerciement, mais on changea la taie d'oreiller de Victor...

Le psychiatre avait proposé en outre à Victor d'aller dès le 1er janvier de l'année suivante vivre dans une maison pour personnes légèrement handicapées qui travaillaient à la demi-journée en ville. Victor alla regarder sur place et refusa, en disant qu'il ne se sentait pas aussi «malade» que ces personnes. Il avait peut-être bien raison. Il était malade certes, mais pas né anormal. Il sentait en lui la réhabilitation possible avec le temps.

Noël arriva sa mère proposa au psychiatre, à qui elle avait dit avoir pris contact avec son fils, qu'il rentre pour Noël. Ce dernier n'osa pas dire non, vu que c'était coutume que les malades rentrent dans leurs familles pour les fêtes de fin d'année. Victor serait finalement mieux dans sa famille que dans les rues devant des boutiques et cinémas fermés à Noël. Victor accepta, retrouva l'appartement bien chauffé, sa jolie chambre douillette et son chat. Les parents firent un petit voyage de fin d'année et proposèrent à Victor de garder le chat pendant une semaine. Victor le fit avec plaisir. Ainsi, il était toujours *en liberté personnelle*, mais à la maison et non sous l'œil du service social à qui cela ne plut pas du tout qu'il quitte jusqu'au 3 janvier de l'année suivante, alors que tous ces bureaux étaient fermés...

À leur retour, Victor repartit dans la ville voisine et se présenta au service social pour recevoir l'«aumône» hebdomadaire. *Quelle ne fut pas sa surprise lorsque l'assistante sociale lui répondit que c'était fini, qu'il ne recevrait plus un sou, que son service le mettait à la porte,* qu'il avait quitté la ville pour aller chez ses parents à la fin de l'année pour les fêtes, qu'il n'avait pas trouvé de travail, etc... Victor demanda des explications, les voici:

1. Vous avez dit, monsieur, que vous iriez chercher du travail. Vous ne travaillez pas.

2. Vous n'avez pas voulu aller à la clinique de jour (seule chose qu'on puisse lui reprocher).

3. Vous n'allez pas assez souvent chez votre médecin... – alors que ce dernier ne lui donnait que des rendez-vous mensuels et basta...

4. Vous avez refusé d'aller vivre au home précité, donc, C'EST FINI...

Victor se retrouva d'une minute à l'autre à la rue, sans moyens d'existence, malade. Il jura, il cria dans l'escalier. Une personne malade ne sait pas prendre d'initiative. Il ne téléphona pas à son cher psychiatre, non il était là debout sur le trottoir et ne savait que faire. Mais Victor était né «coiffé» comme on dit: si tous ces humains le laissaient choir, sa mère, elle, était de garde. Il avait justement rendez-vous avec elle une heure plus tard au Buffet de la Gare! Elle arriva ponctuellement, et Victor lui dit en vitesse: «Maman, j'ai une' mauvaise nouvelle.» Mon Dieu, la mère était habituée aux mauvaises nouvelles, aux échecs, un de plus, un de moins, cela ne l'émut même pas. Elle dit: «ah oui, quelle nouvelle donc, Victor?» Elle apprit que Victor était dans la rue. Elle lui demanda ce qu'il aurait fait s'il avait rompu tout contact avec sa famille d'origine. Il répondit résigné: «J'aurais été dormir dans la rue avec les Zaffaraya à Berne...»

La mère fut enchantée de cette mauvaise nouvelle, elle considéra ceci comme une excellente solution et alla prendre la valise avec Victor à l'hôtel du service social. Ce fut le retour à la maison.

Pendant trois semaines, Victor n'avait pas changé de vêtements, pendant trois semaines, il ne s'était pas lavé, ni

41

peigné, ni n'avait brossé ses dents. IL EN ETAIT BIEN INCAPABLE. On peut bien s'énerver à ce sujet, Victor reste de glace, il a tout oublié son éducation de petit garçon où il a appris en plusieurs années à devenir propre, à se laver, à prendre soin de lui-même. Il est muré en lui-même. Il dit oui, mais ne fait rien. Il faut l'accompagner à la salle de bain presque le laver soi-même. Il a affirmé qu'il avait dû faire d'énormes efforts en ville pour tenir le coup et qu'il était régulièrement *épuisé*. C'est ça le mot juste: ÉPUISÉ nerveusement.

Victor rentra donc chez ses parents définitivement, et ils décidèrent qu'il ne quitterait plus le domicile familial que lorsqu'il serait en mesure de le faire, lorsqu'il ne serait plus épuisé, lorsqu'il serait guéri ou en tout cas en bien meilleur état. C'est une erreur monstrueuse que d'inciter un malade à aller vivre seul alors qu'il en est incapable. Il y a d'autres exemples dans les villes suisses où ces jeunes malades mentaux vivent seuls dans un studio, toute la journée avec les stores baissés, la musique tonitruante, sans soins, criant la nuit, cassant tout dans l'escalier sur leur passage, jusqu'à ce que les locataires appellent la police qui alors, finalement, vient les chercher pour les amener dans un hôpital psychiatrique. C'est honteux de charger leur casier judiciaire alors que ce sont de pauvres malheureux, de passer par la justice pour enfin les faire soigner, alors qu'on pourrait faire bien autrement.

Les parents ont réglé la dernière facture du psychiatre de 1374 francs via la caisse maladie, une facture pour de rien, pour un nouvel échec, pas seulement de la part du malade,

mais avec la participation du médecin. Ils sont retournés chez le médecin de famille, un étranger naturalisé, un homme de cœur qui même s'il ne se disait pas psychiatre, était en tout cas bien plus à la hauteur du cas que le médecin spécialisé. Victor ne put toujours pas travailler. Il se borna, sur l'insistance des parents, à faire une ou deux heures journalièrement qu'ils lui payèrent pour régler ses dettes. C'est tout ce qu'il put faire. Sa vie sur le canapé continua, mais il paraît qu'on serait bientôt au bout du long tunnel de maladie. On commence à voir le jour de l'autre côté. *On voit le jour!* hourra... C'est fait, on aperçoit le soleil.

Comme dans tout roman, il est bon qu'il y ait un «happy end», une fin heureuse. Victor ne pouvait toujours pas travailler, car dès qu'il commençait, il avait des troubles de mémoire, disait-il, des troubles de la pensée, il se stressait tellement qu'il ne voyait plus ce qu'il faisait et il était obligé d'arrêter, de rentrer chez lui. Quelle tristesse, direz-vous!

Or, le médecin de famille généraliste était au courant de l'état de Victor, via la mère qui lui faisait ses petits rapports. Victor se rendait chaque semaine en consultation. Le médecin lui dit qu'il ne pourrait jamais faire de socialisation s'il ne lui prescrivait pas un médicament pour *pouvoir travailler*, car après toutes ces années d'intense traitement médicamenteux, c'est la seule chose qui n'était toujours pas réglée. Il lui donna 1,3 mg de Lexotanil® à raison d'une pastille à midi réduite par la suite à 1/2 pastille. *Ce fut un miracle!* Voici notre Victor tenant le coup dans un atelier protégé où il put aller à la demi-journée. C'est la mère qui le trouva à force de chercher de sa propre initiative. On ne

croyait pas au miracle. Quand les aiguilles de l'horloge tournaient, on se disait: tiens, il n'est pas encore rentré, ou bien: a-t-il pris la fuite? Mais non, il rentra vers 17 h 30. *Victor avait travaillé!* Il s'était senti bien, il n'avait pas fugué, il n'avait pas eu de troubles de mémoire, de la pensée. Était-ce possible? Oui, ce fut le cas, Victor travailla une semaine entière ainsi à l'atelier qui le félicita de ses capacités manuelles. Victor était doué manuellement depuis son enfance, il avait toujours participé aux travaux de la maison, depuis clouer des planches pour l'isolation jusqu'à faire une porte de garage en bois, etc. À l'atelier, il faisait des fiches électriques avec précision. On lui annonça qu'il serait quelque peu payé pour son travail, pour son occupation. Cet atelier dépend d'une clinique psychiatrique d'État, et on y amène l'après-midi, mais aussi à la journée entière les patients de l'hôpital afin de les occuper. J'ai rarement vu des ateliers aussi bien remplis de personnes, même des gens handicapés depuis leur naissance, qui travaillent avec tant de discipline, sans mot dire, comme des machines, pourrait-on dire. Que les gens en bonne santé sont indisciplinés et désobéissants par rapport à ces personnes! Ce sont de véritables exemples vivants pour les gens en bonne santé. Quelle joie pour tout le monde à la maison, on se dirigeait vers les vacances... À la fin de la première semaine, Victor apprit qu'il devrait encore passer une semaine à l'atelier et qu'après ils le mettraient au bureau, car notre Victor se sentait supérieur à tous et désirait à tout prix pratiquer sa profession d'employé de bureau plutôt que de bricoler dans un atelier. Il ne dit plus qu'il ne voulait plus travailler ni s'intégrer, il avait démarré dans le bon sens. Ce n'était donc pas toujours seulement de la mauvaise volonté, on ne peut

pas dire non plus qu'il était perdu pour la société, non, grâce au médicament qui enlève l'anxiété, Victor travailla bien, il retourna chaque jour, de plein gré à son atelier, ses parents n'entendirent aucun mot péjoratif, il s'ouvrit à ses collègues, commença à plaisanter. Il restait la question des soins personnels à régler. Cela viendrait aussi. Un jour, Victor aurait de nouveau envie de se soigner, de bien s'habiller, de sortir.

Victor a commencé une psychothérapie. Il doit s'intéresser à ses rêves, mais il est assez réticent. Il dit qu'il est pauvre en souvenirs de rêves, mais il va en consultation chez une nouvelle psychiatre toujours dans la même ville, vu que c'est demandé par sa famille. Il a des rêves qui montrent qu'au fond il n'est pas tant malade, qu'il est en voie de guérison.

L'essentiel est que: *celui qui peut travailler n'est pas malade mental ou ne l'est plus. C'est la règle, selon Freud.* C'est une bonne référence. Victor est donc convalescent, il s'en sort, c'est grâce à Dieu, c'est grâce à ses parents qui l'ont porté à bout de bras pendant toutes ces années, c'est grâce à leurs prières pendant cette maladie, même si parfois, de désespoir, ils ont douté de l'influence de ces prières. Ils se demandaient si Dieu les entendait, pourquoi il voulait que Victor souffre à ce point.

Les vacances ont passé, les parents de Victor ont redéménagé une nouvelle fois avec leur fils et ils sont revenus dans le canton d'où le malheur était parti.

Par ce changement, naturellement que Victor s'est désocialisé à nouveau, car dans cette maladie, chaque

changement est ressenti comme une panique par le malade. Il a fallu s'occuper intensément de lui, lui chercher un nouveau psychiatre, un nouveau généraliste, un nouvel atelier, ce qui ne fut pas chose facile, mais le destin aidant, les parents trouvèrent une très gentille femme psychiatre, roumaine, une spécialiste au grand cœur refusant l'incrimination facile des parents. Elle accepta de prendre Victor en charge, elle le fit avec tant de cœur, de dévouement, jour et nuit si nécessaire, avec tant d'engagements que les parents ne désirent pas manquer l'occasion de la citer, à titre de sincères remerciements et de la recommander vivement à tous parents dans la même situation avec un enfant malade sur les bras. Ils ne seront jamais déçus comme les parents de Victor le furent à plusieurs reprises par les psychiatres ne prenant pas la famille en considération, en voulant se borner à traiter seulement le patient et en ignorant qu'il a une famille qui a le droit de savoir, même s'il est majeur, ce qu'il advient de leur enfant.

Même si les parents de Victor sont aussi des adeptes de la médecine naturelle, il faut bien dire que pendant un long laps de temps, on ne peut pas traiter ces patients à la médecine légère, il leur faut les médicaments classiques pendant un certain temps, plus ou moins long. Par la suite, on peut envisager, parallèlement, de la médecine naturelle en même temps que les médicaments classiques. Selon des médecins spécialisés dans les deux genres de médecine, ceci est très profitable.

La seule solution de pouvoir un jour faire en sorte que son enfant puisse se guérir de sa maladie, c'est *de lui laisser la porte du domicile parental ouverte.* Il y a bien des parents qui en ont assez et qui chassent leur enfant de la maison; on les comprend, car la tâche est très lourde à supporter, mais nous sommes d'avis que le cœur doit tenir le coup à tout prix avec les nerfs. *Cela ne veut pas dire être faible.* Être bon ne veut pas dire être bête, comme le dit le dicton populaire. Être bon et réaliste en même temps. Exiger que son enfant se fasse soigner et en même temps le soutenir dans son malheur, ne pas le laisser tomber, car alors la culpabilité ne manquerait pas d'affliger terriblement les parents avec le temps. Si l'enfant est malade, il faut absolument le soigner en lui mettant la pastille dans sa soupe, *trouver un gentil médecin de famille* qui partage l'angoisse et le malheur des parents. Il y en a assez, surtout à la campagne. À force de chercher, on en trouvera. Après 10 jours, le jeune dira de lui-même qu'il veut se soigner et ne désire plus rester malade. *C'est rendre service à notre société*, car il y a déjà des centaines et des centaines de jeunes invalides qui touchent l'assurance-invalidité à vie peut-être. Or, qui est la société? *C'est nous-mêmes.* La société n'est pas un «Être» à qui on doit obéissance, non, c'est nous tous les citoyens ensemble réunis dans un seul pays. En soignant les malades, on fait en sorte qu'ils pourront sans doute s'en sortir complètement ou partiellement et, en tout cas, ils arriveront bien un jour à travailler un peu et, par-là, coûter moins à l'assistance sociale, à l'assurance-invalidité. Je pense que tous les médecins et les autorités seront d'accord avec l'auteur à ce sujet, il n'y a pas de doute.

L'auteur connaît aussi bien des jeunes qui se piquent, et qui trouvant un jour un médecin capable arrivent à s'en sortir et à retrouver une vie normale sans cette terrible et malhonnête dépendance.

Pour les malades mentaux, il n'y a qu'un seul danger: c'est d'abandonner trop vite les médicaments. Il est bon que les parents les soutiennent et *leur donnent les pastilles à avaler chaque jour, d'où la nécessite de s'occuper de son enfant, car un malade mental ne prendra aucune pastille tout seul.* Il a besoin d'aide comme un malade à la jambe cassée qui a besoin d'une béquille.

La solution bien sûr à tous ces malheurs évoqués ci-contre, *c'est de stopper d'une manière énergique* le commerce de la drogue et de punir sévèrement les trafiquants. Il y a des gens qui sont même pour la réinstauration de la peine de mort. On les comprend quand on a vécu la terrible maladie mentale des enfants pendant des années. Il est difficile de penser encore au pardon vis-à-vis de ces criminels.

Je suis absolument contre la libéralisation de la drogue, du hasch même, car ce n'est pas vrai que c'est inoffensif. Si déjà le tabac qui est plus ou moins nettoyé et propre ne l'est pas, comment le hasch peut-il l'être quand on voit les Arabes du Liban et d'ailleurs, les Colombiens et tous les autres balayer la poudre de hasch, les déchets et les mettre en sachets pour fumer cette m..? Il faut vraiment être paumé pour en arriver à cela, pour se laisser aller à un tel point, à fumer ou à ingurgiter, à se piquer avec n'importe quelle cochonnerie. Il n'y a pas de drogue douce et de drogue dure, il y a simplement LA DROGUE QUI DÉTRUIT L'ORGANISME PETIT

À PETIT, mais pour de bon. J'ai observé des jeunes gens de 22 ans qui se piquent toutes les 18 heures. Ils sont déjà voûtés, blêmes, on voit que leur corps se désagrège, on dirait qu'ils ont bientôt 70 ans. Quel malheur!

La prévention est nettement de ne donner que peu d'argent de poche à la fois à ses enfants, par contre, de leur acheter ce dont ils ont besoin à la maison, que ce soit les journaux de bandes dessinées, les sucreries si on les tolère, en tenant compte de la santé, mais aussi du fait que l'enfant a besoin de douceurs, autant que l'adulte qui se paie un café ou un gâteau quand il en a envie. Donc, il ne faut pas trop priver les enfants de ce qu'ils demandent, tout en leur faisant comprendre *gentiment, avec amour*, SANS CRIER, pourquoi la mère doit freiner un peu leurs envies. Si on doit loger les jeunes étudiants à l'extérieur du domicile paternel, mieux vaut les mettre dans une famille où ils mangent, où ils ont le contact et ne sont pas réduits à végéter dans une chambre tout seuls, EN L'ABSENCE des parents. Ceci n'est pas bon. Ils sont vite livrés au mal et à la malhonnêteté des adultes. Recommander à ses enfants de ne pas trop avoir de relations avec des gens plus âgés qu'eux, car comme on le voit actuellement, souvent ce sont ces personnes qui sont les pourvoyeurs de drogue. De plus en plus, on rencontre, même dans la rue, des jeunes qui ont de soi-disant amitiés avec d'autres jeunes plus âgés qu'eux. Avant la consommation de la drogue, ce phénomène ne se voyait pas. *C'est une observation récente, c'est-à-dire depuis l'apparition de la drogue chez les jeunes.*

Un danger qui menace aussi, les malades mentaux, c'est d'abandonner les médicaments psychiatriques ou autres trop tôt en croyant être guéris, ou en se sentant mieux. En général, il faut se soigner à vie dans ce cas de maladie — schizophrénie, mais la situation peut s'améliorer , ce qui est le cas de Victor au moment de mettre cette brochure sous presse:

Il reste schizophrène à l'A.I. à 100% avec prestations complémentaires, il va 1 fois par mois chez son psychiatre roumain aussi qui est dans son village. *Il ne doit et ne peut pas travailler.* Le psychiatre le trouve tout à fait en bonnes conditions. Victor prend bien ses médicaments le soir: 1 Olanzapine Oro 15 et deux Nozinan 25. Sa mère contrôle, mais si elle n'est une fois pas à la maison, Victor prend ses médicaments tout seul. Si l'absence devait durer, une infirmière professionnelle pourrait fort bien venir le soir contrôler et commander les médicaments suivants.

Victor a 55 ans et a pu faire son permis de voiture avec mention «parfait» il y a déjà sept ans à l'entière satisfaction de ses parents. Il conduit tous les jours.

Comme le père de Victor est décédé à l'âge de 87 ans en 2013, c'est la maman aussi de 87 ans qui continue d'accompagner Victor dont il est devenu propriétaire de leur maison. Quant à Adrien, il est devenu un frère aimant de 56 ans qui a décidé de s'occuper de son frère à l'avenir, voire de prendre ses factures pour les régler et de contrôler ses rendez-vous médicaux ou autres. Est-ce que Victor pourra un jour vivre seul, vu qu'il n'est pas sous tutelle, ou aura-t-il envie d'une femme? À ce jour, il préfère rester «vieux

garçon», dit-il! Même si des femmes de nos connaissances disent qu'il est charmant et qu'apparemment elles aimeraient bien l'avoir comme ami. C'est ce que sa mère lui souhaite.

Victor est un homme souriant, qui aime recevoir des visites, les salue, leur dit merci de leur visite, leur dit de revenir, fait le café pour tout le monde, s'est transformé en une personne en bon état. Quand il lui arrive encore d'entendre des «fantômes», sa mère lui donne deux médicaments homéopathiques: «Cannabis sativa 30 CH» et «Cannabis indica 30 CH» qui les éloignent et *ne sont nullement dangereux! = soigner le mal par le mal recommande l'homéopathie*. Il écoute la radio, sait parfaitement l'allemand, l'anglais et il y a peu de mots qu'il ne connaisse pas — donc sa mémoire s'est grandement améliorée — Il est devenu un être très cultivé, qu'il était déjà avant sa maladie du reste.

Quand on se drogue en prenant des hallucinogènes, il suffit d'une prise pour basculer dans la schizophrénie, pour devenir schizophrène et paranoïaque, *donc MALADE DE CES DEUX POSITIONS* selon Mélanie Klein. Nous sommes TOUS schizoïdes et paranoïdes quand nous sommes petits bébés, c'est une position normale après la naissance, la séparation totale d'avec notre mère et, lorsque nous tombons malades de la tête, comme expliqué plus haut, *nous devenons schizophrènes et paranoïaques*, autrement dit: MALADES DE NOS ÉMOTIONS.

C'est ainsi que la psychologie moderne parle de «surprotection» de la part des parents quand les enfants

étaient petits qu'ils leur ont trop donné, *trop dit oui à leurs désirs.* Cette affirmation est ridicule, car dans le temps des autres générations passées, on frappait souvent brutalement les enfants, et ils sombraient aussi dans la maladie mentale! Je peux bien en parler, moi qui ai eu un grand-père maternel de ce modèle, comme bien d'autres gens aussi.

Nous sommes tous d'accord: aimer ses enfants de tout son cœur, c'est NATUREL ET NÉCESSAIRE, dire parfois non comme nous l'avons fait assez souvent, c'est NATUREL, dire oui, c'est aussi NATUREL. *Il y a une limite à respecter, c'est tout.* Gronder ses enfants, les punir (pas pendant des heures ou des jours), parfois administrer une claque de la part de la mère, c'est naturel et nécessaire. CELA NE VA PAS TOUJOURS SANS.

La psychologie moderne devrait plutôt parler de la désobéissance de l'enfant *qui se laisse piéger et accepte de se droguer.* Il doit donc être mis au clair, que c'est de sa propre décision et que s'il se ruine l'existence et sa santé, c'est dans sa propre tête que cela s'est passé. Un dernier conseil: Que les parents ne se laissent pas piéger, à leur tour, par des psychologues qui n'ont pas le schooling concernant la maladie mentale. De plus en plus, les parents refusent la thérapie familiale, car par ce système, on ruine toute la famille, on rend tout le monde dépressif et le vrai malade ne se guérit pas plus vite pour tout cela. Une thérapie individuelle du malade suffit amplement à notre avis.

Je souhaite bonne chance et des nerfs d'acier à tous les parents attristés par cette douloureuse situation de nos temps modernes.

BIBLIOTHÈQUE INTERNATIONALE DE PSYCHOSYNTÉRÈSE

Déjà parus:

Auteur: Titre:

Robert F. Klein   ANGOISSE, QUI NE TE CONNAÎT PAS?
Elisabeth Klein, Robert F. Klein   VIVRE POURQUOI?

À paraître (début 2017):

Robert F. Klein, Elisabeth Klein   LA VIE, LA MORT, L'APRÈS-VIE
Robert F. Klein   LEBEN NACH DEM TOD
Elisabeth Klein   LA FATIGUE NERVEUSE ET COMMENT LA SURMONTER
Elisabeth Klein, Robert F. Klein   AUFZEICHNUNG UND DEUTUNG DER TRÄUME
Elisabeth Klein, Robert F. Klein   NOTER ET INTERPRÉTER SES RÊVES
Elisabeth Klein   PSYCHOLOGIE DE LA VIE FAMILIALE I
Elisabeth Klein   PSYCHOLOGIE DE LA VIE FAMILIALE II
Elisabeth Klein   L'AMOUR ENTRE FEMMES
Aimée Des Buis   LA DAME DE CŒUR
Elisabeth Klein   MIMI DES PÂQUIS
Lina Albala   LYNN MA LYNN ADORÉE

www.ingramcontent.com/pod-product-compliance
Lightning Source LLC
Chambersburg PA
CBHW050828290526
45792CB00001B/310